防風林のこどもたち

こどもと保育者が育つまほうの森に出かけよう

なかい　のりこ

みらい

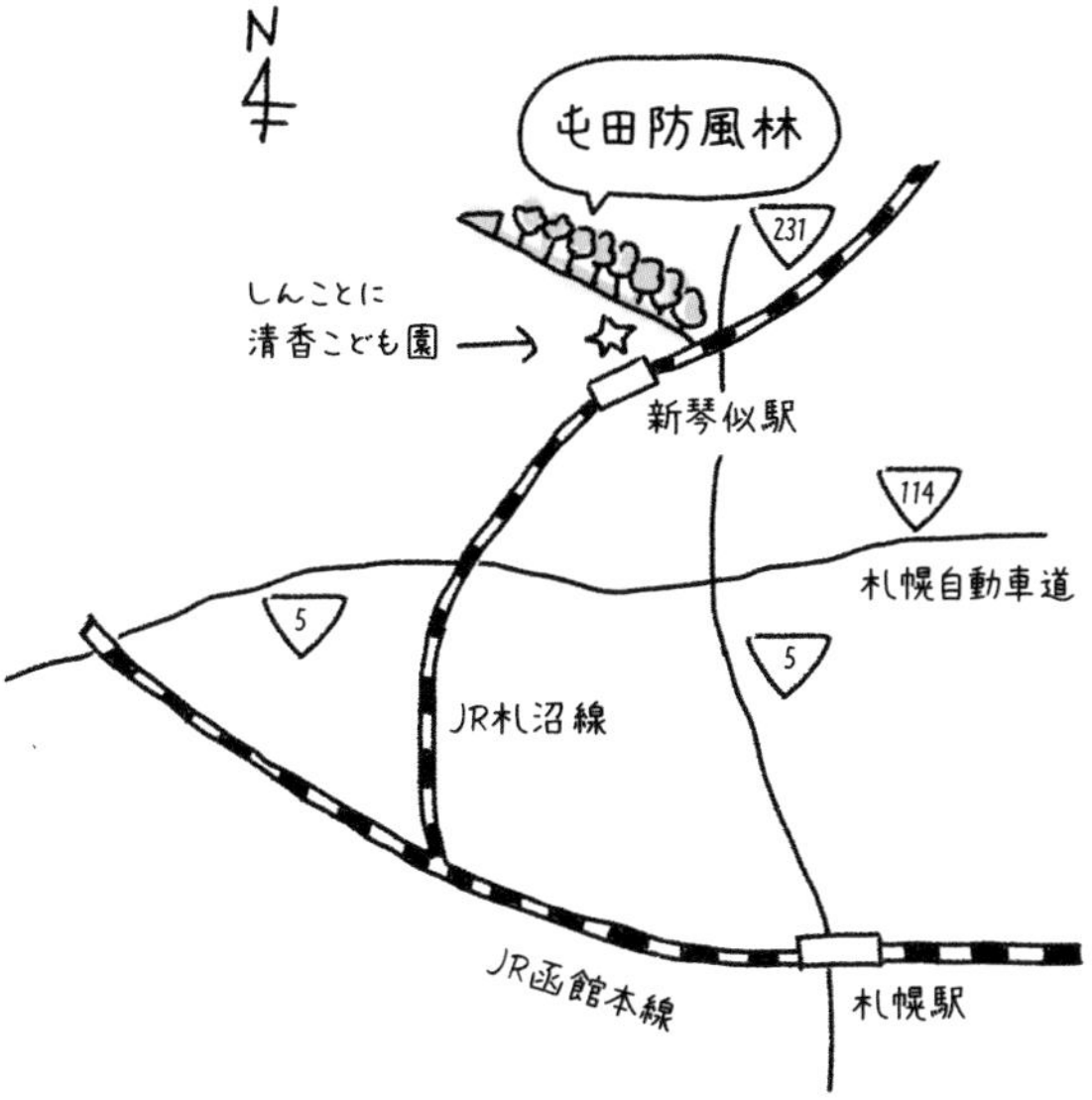
N
屯田防風林
231
しんことに
清香こども園
新琴似駅
114
札幌自動車道
5
5
JR札沼線
JR函館本線
札幌駅

はじめに

はじめまして。北海道の札幌市北区にある「しんことに清香《せいか》こども園」の前園長・なかいのりこと申します。

もともとは三児の母として子育てをしながら、保育とは縁のない仕事をしていました。しかし、こどもたちが保育園と幼稚園でお世話になるなか、自分も保育の仕事がしたいと一念発起して39歳で保母の資格を取得。紆余曲折ありましたが、多くの方に助けていただき１９８２年に「しんことに清香保育園」を開園することができました。以来、ずっと子どもの育ちに携り、こどもに囲まれた幸せな保育人生を送っています。

２０１８年に保育所から認定こども園に移行したのを機に、園長職からは退きましたが、代わりに多忙のために中断していた、こどもたちを保育園の近くの防風林に連れていくという念願の夢を叶えることができました。

開園当初はわたしも若かったこともあり、森でこどもたちと一緒に木登りをしたり、ターザンごっこもしました。今でもしたい……ムリですね？

いまは先生を卒業したので、法人の常務理事を呼び名に使い、こどもたちに「常務！」と呼ばれています。森で「ジョーム！」と呼ばれると、周りの人たちがふりむきます。「ジョームって英語なの？」と、こどもからなんともかわいい質問を受けることもあります。

こどもたちが自然にふれることで、どのような変化が起こり、どのような情緒が育まれていくかを見守りたい。これがわたしの願いであり、本書はそのささやかな記録です。

それでは、森へご一緒に出発しましょう。

2020年1月　　なかい　のりこ

もくじ

II　森へいく理由

屯田防風林

Ⅰ　森でのできごと

わたしたちの歴史ある防風林

札幌には、開拓時代のなごりがいろいろ残っています。そのなかの一つが、しんことに清香こども園のそばにある防風林です。正しくは屯田《とんでん》防風林といいます。明治時代に北海道の開拓にあたった兵士らを屯田兵といいますが、彼らにゆかりをもつ歴史ある防風林です。春先に北から吹く猛烈な風（馬糞風《ばふんかぜ》）は、畑の栄養のある表土を吹き飛ばしてしまいますが、この風から農作物を守るために、細長い林地がいくつも造成されました。それが今も国有林や保有林として北海道の各地に残っているのです。

わたしたちの地域にある屯田防風林は、野草と樹木のあいだに遊歩道がきれいに整備されています。丁目でいえば、1丁目から17丁目まで、すべて歩けば10キロほどの行程です。

屯田防風林は通称「ポプラ通り」とも呼ばれます

この防風林は遠目にはただの林に見えるかもしれません。でも、わたしたちにとって、ここは〝まほうの森〟です。樹齢100年の大木がうっそうと立ち並び、自然界の生命たちが四季を通じて子どもたちの五感にはたらきかけてくれます。わたしたちがこどもを防風林に連れていっているのは、草花や生き物の名前を教えるためではありません。こどもと一緒に自然の神秘を感じ、ともに楽しみをわかちあいたいのです。ですから、わたしたち保育者から動植物の名前を先回りして教えたり、前もって説明することはしていません。とにかく、身近な自然を感じ取る体験をしてほしいのです。

この本に載っている植物や動物の写真は、防風林で撮影されたものばかりです。ぜひ、みなさんも森のなかを散歩をしているつもりで楽しんでください。

市街地で見ることは稀なアズマイチゲ

はじめての森へ　5月

札幌に桜前線がやってくるのは、5月のゴールデンウィーク頃です。長い冬が終わり、本格的な春のはじまりにこどもたちは胸をはずませます。わたしもわくわくが止まりません。

こどもを森へ連れていくのは、基本的には週に1回で、年長児のみです。5月の連休明け、今年はじめて年長さんを森に連れていく日がやってきました。防風林6丁目から入り、1丁目までの散策です。

森へ入ると、強い北風の影響を受けて、シラカバの並木のうち一列が南側に傾いていました。それを見たこどもたちが、どんな反応をしたと思いますか？　だれが声をかけるでもなく、おのずと一列に並んで、みんなそろって体を右側に傾けました。体で傾いた並木を表現したのです。その姿のかわいらしいこと！

はじめての森にみんなドキドキしながら歩きます

先へ進むと、大きなクロポプラが現れます。樹齢は100年ほど、高さ20メートルを超える圧倒的な大きさです。目をみはるこどもたち。「ひげが生えているから、この木はおじいさんだね」という子。そのたくましさをガッツポーズで表現する子。さまざまです。クロポプラの幹を、こどもが3人で手をつないで抱えようとしましたが、その小さな手では届きませんでした。自然の力に包まれて、おさなごらしい素直な反応がいくつも見えたひとときでした。

森を訪れるにあたり、こどもたちはクレヨンを2本もっていきます。この日は、きみどり色とみどり色。クレヨンをもってきた目的は、クレヨンと同じ色のものを自然の中に探してもらうことです。こどもらは木の葉の色がきみどり色であることを確認しました。

そうしたなか、数種類咲いている白い花に目を凝らして、ある発見をしたこどもがいました。

「どうして外側の花びらだけ大きいんだろう?」

3人でポプラを抱えますが届きません（卒園児の絵）

それはオオハナウドの花でした。大人でも注意して見なければ、同じような白い小さな花びらが集まっただけに見えます。でも、よく目を凝らすと、花びらのかたちや大きさにはさまざまな特徴、そして規則性があります。すばらしい発見にほかの子も思わず見入っています。園に帰ってから、図鑑で調べることにしました。

満開のオオハナウド。花びらのひとつひとつに個性があります

ここはだれのおうちかな？　5月

「チップがくつのなかに入っていやだ！」

森を歩いていると、遊歩道に敷き詰められているチップがくつのなかに入るのをいやがるこどもの声が聞こえました。

「虫がいっぱいでいやだ！」

今度は虫がいやという声が上がります。わたしたち保育者は、そうだねえとうなずくばかり。顔の周りにきたら自分で追い払うことを覚えてほしい。そして、小さな虫がほかの生き物を育てていることを、いずれわかってくれたらいいなと心のなかで思っています。

「へんなにおいがしていやだ！」

自然界には、いろいろなにおいが混ざり合っています。このにおいが好きで寄ってくる虫がいることや、反対に、嫌いなにおいから虫が逃げていくことも、そのうち理解することでしょう。

「手がよごれる～服がよごれてきたない！」

あらあら、今度はなんでしょう。

どうやら服に土がついたのがお気に召さない様子。汚れは手で払えばよいし、なんといっても、土こそが草木を育てているんだよ。

「カラスがこわい！」

木の上でカラスが大きな声でカアカアと鳴いています。なにかと悪者にされるカラスです。

「うるさーい」

「どうしてあんなに鳴くの？」

わたしは、こどもが「なぜだろう」「どうしてだろう」と思考するプロセスを大事にしたいと考えています。そのうえで、説明をしたほうがよいと判断した時は、こどもたちに語りかけるようにしています。

「カラスはひなを育てるのに一生懸命みたいだね。ひなを危険から守っているんだよ」

「こどもを守っているから、じゃまをしてはいけないよね。みんなをおそったりしないから、怒ったり、物をぶつけたりしないでね」

「カラスのひなは、お母さんがエサを運んでくれないと自分だけでは生きられないんだよ」

そんなふうに、ゆっくりと話しかけました。


自然のなかで、こどもたちは思いきり大きな声で自分の気持ちをあらわしていました。こどもたちの興味や関心は次から次へと変化し、少し前のことはまるでなかったかのように遊びます。おとなは、こういったこどものいきいきとした感情を受けとめることが大切です。そうしてはじめて、教えみちびくことができるのだと思います。

森のなかの池ではマガモの家族がのんびり日向ぼっこをしたり、すいすい泳いだりしている姿が見られました。

「子ガモがときどき水にもぐっているけど、なにをしているの?」

悠々と泳ぐマガモ。身近な水鳥として全国で見ることができる鳥です

そうだね、なにをしているんだろうね。今度は、心のなかで語りかけました。

（必死にエサを探しているんだよ。子ガモは自分でエサを見つけて食べているから、お母さんカモは楽だね。けれども、わが子が大きな鳥やネコにおそわれて食べられてしまうこともあるから、そんなときはとてもかなしいだろうね）

森のなかを流れる小川にも、カモの親子の姿が見られます。カモたちの親が子を愛しく思うように、カラスもこどもが愛しくて守っているんだよ、とわたしは話しました。そして、問いかけます。

「この防風林はだれのおうちかな？」

森はいろいろな生き物のおうちです。人間だけのものではないということを、こどもなりに感じ取ってくれればと思います。その思いが伝わったのでしょうか。次から森に入るときには、

「おじゃまします！」

と入り、帰る時には、

「ありがとうございました！」

とあいさつをするようになりました。

ノイバラはかれんな花が咲きますがトゲに注意が必要

園舎から森までの約束　5月

園から森に行くには、信号を2箇所を渡らなくてはなりません。そこで、こどもたちと次のような約束をしています。

・バラバラにならないよう一列に並んで歩く。
・走らない。
・交差点では、右見て左見て、左手を上げて渡る。
・大きな声を出さない。
・人に会ったらあいさつする。

当初は先生がつきっきりで、細かい指示を出しながら移動していました。

森のなかは細い小道が続きます

やがて、こどもたちが移動にだいぶ慣れてきたある日、先生が初めて、

「信号を渡ったら、次の信号のところで待っていてね」

と声をかけました。

その日はいつもと違って、誇らしげに歩くこどもたちの姿が見られました。先生が自分たちを信じてくれていることを感じとって、それが自信としてあらわれたのでしょう。移動にかかる時間は短くなって、より長い時間を森で過ごせるようになりました。


また、ある日のことです。約束を守り森へ到着したこどもたち。目の前のまっすぐな道に、みんな走り出したくてうずうずしているようです。その様子に気づいた先生は、周りの安全を確認して、

「がんばって歩いてきたから、50メートル先のポプラの木まで走ろうか」

と声をかけました。こどもたちはもちろん大喜びで駆けていきました。

大切にしたい在来種のエゾタンポポ

ふんわりふわふわ、ポプラの綿毛　6月

「あれ〜なんだろう？　どこからきたの？」

木もれ日のなか、こどもたちを迎えてくれたのは、ふわふわと舞うポプラの木の綿毛でした。思いもよらぬ美しい光景を見渡しているこどもたち。

みなさんはご覧になったことがありますか。初夏になると、ポプラはたんぽぽのように綿毛を飛ばすのです。それも大量にです。わたしたちが歩く遊歩道はまるで雪景色のように白く染まります。

道中、綿毛が小さな竜巻のようにくるくると舞っているのを見かけたこどもたちが大きな声を上げました。

「綿毛がダンスしているよ！」

「これは綿あめだよ〜！」

ポプラの綿毛。初夏の防風林に現れる風物詩です

そうかと思うと、クモの巣に綿毛がくっつき風で揺れる様子を見て、すばらしいたとえことばが飛び出します。

「わー！　ミラーボールみたい！」

こどもの言葉を豊かにするのは、こんなふうに、心が動く体験なのですね。自然のなかを探検することは、こどもたちにとって愉快でかけがえのないひとときになってくれます。

白といえば、6月初旬に淡雪のような花を咲かせるサワフタギもこの森の見どころのひとつです。夏になると、るり色の美しい実が目を楽しませてくれます。

サワフタギの花は白くてふわふわ

神秘的な瑠璃色の実

その名はしずく　６月

木の幹に耳をつけて、なにかを聞き取ろうとしているこどもがいます。

「なにか音がする。なんの音だろう？」

木の幹に手をふれ、感想を伝え合うこどもたちもいます。

「つるつるして気持ちがいいよ」

「ガサガサで皮がむけるよ」

「ごつごつしている」

「これはデコボコだよ」

みなさんもご存知のように、人の皮膚はたいへん敏感です。皮膚には機械では再現できない感度のよいセンサーが備わっているともいいます。

ものの凸凹を覚知するのは、メルケル細胞。ツツツとすべる感覚を担うのは、

キンギンボクの花ときらめくしずく

マイスナー小体。ザラザラした触感には、パチニ小体。

体にはおもしろい名前がついていますね。触覚の世界も不思議に満ちています。


雨あがりの日、木の葉から落ちてくるしずくをいやがるこどもがいました。その子にそばにいき、

「いま落ちてきたのは、草の葉についてキラキラ光っているものとおなじで、しずくっていうんだよ」

と伝えました。

「しずくっていうんだ〜」

草の葉のしずくをじっと見ながら、集中してその名を記憶にやきつけている様子がかわいくてたまりません。

この日の帰り道には新しい発見がありました。2丁目の高架橋の下は、声がとてもよく反響するのです。このことを知り、思いっきり大きな声を張り上げ、反響の具合を楽しむこどもたち。楽しかった思いは、おのずと歌へとつながってゆき、みんなでうたいながら帰りました。

色さがしと音さがし　7月

いろどりが鮮やかさを増す森のなかへ、「色さがし」に出かけます。好きな色のクレヨンを、ひとり3色選んで出かけます。思い思いの色を選ぶこどもたち。

森へ着くと、以前はきみどり色だった葉っぱがみどり色に変わっていました。

さあ、色さがしのはじまりです。

「水色は、空の色と同じだよ」

「白は、シラカバの木と同じ」

「雲とも同じ」

「茶色は……」

そのとき、ひとりの子が、茶色のクレヨンを土の上に落としてしまいました。

あれ？　なかなか見つかりません。みんなも協力して探して、やっと見つけることができました。

「そっか、土と同じ色だから見つからなかったんだ」

そのとおり！　茶色は土と同じです。自分で見つけた発見は、心が最高にいきいきと動くものです。

さて、そんななか、赤色のものがなかなか見つかりません。あっちへいっても見つからず、こっちへいっても見あたりません。あちこち歩きまわり、やっと見つけました。

「あった！」

草の陰でひっそりと咲いている小さな赤い花。思わず歓声が上がり、こどもたちは大喜びです。

このあと、色合わせもおこないました。草木を摘んで持ち寄って、色と色を合わせることを夢中で楽しむこどもたち。そのなかで、ひとりだけ少し離れたところに、じっと空を見上げているこどもがいます。いきなり叫びました。

「落とし穴だ！」

防風林をのびのびと描いた園児の自由画

そばにいってみると、木の隙間から一か所だけ、丸く突き抜けてぽっかり丸い青空が見えました。ほかのこどももかけ寄り、「本当だ！　すご〜い！」と口々に言い合っています。

こどもは色彩に興味をもつことによって、自由なあそびのなかで大胆な絵を描くようになっていきます。

次は「音さがし」の時間です。このとき、こどもたちは全身が耳になります。森のなかにどのような音があるか、みんなで探します。風が吹けば、枝がみしみしと鳴ります。その音が静まり、じっと耳を澄ましていると、どこかでなにかの音がします。みなさんは、森のなかにどんな音があると思いますか。ちょっと想像してみてください。

保育者は、こどもたちがそれぞれ感じた音のオノマトペを聞き取り、その場でカードに書いて渡します。想像した音を忘れないようにするためです。

音さがしの楽しみはまだ続きます。数日後、カードに書かれている音の風景を思い浮かべながら、こどもにひとりずつ発表してもらうのです。一生懸命にそのときの様子を話すこどもたち。ひとりひとりの良さや個性がかいま見えるひとときです。森のなかで過ごした時間を思い出して、「おもしろ〜い」「また音をさがしにいきたい」という声が上がりました。

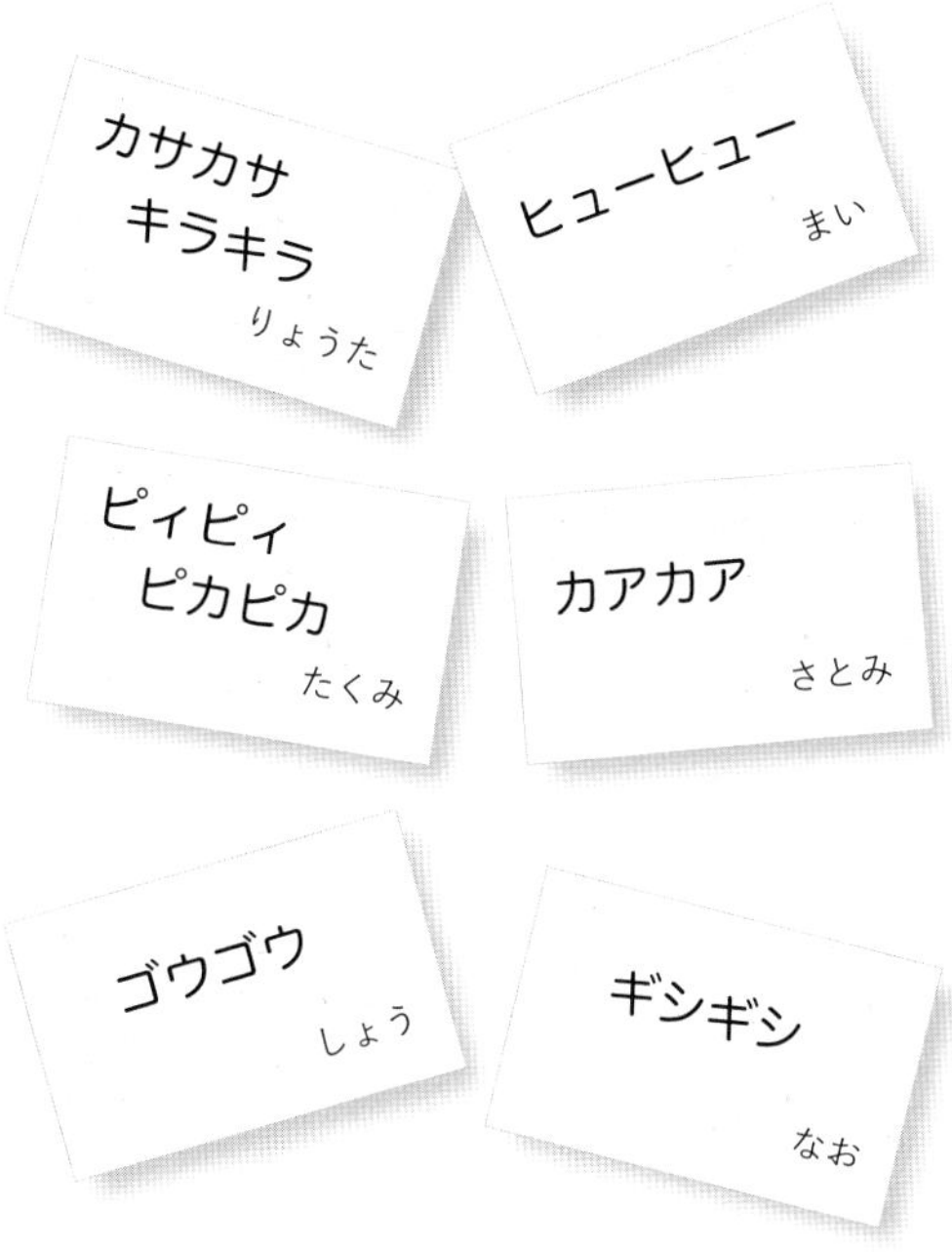

なみだの理由　7月

夏にはこんなこともありました。みんなからはなれたところで、ひとりの男の子が目に手をあてて立ちすくんでいます。泣いているのかと思い、「どうしたの?」と声をかけました。すると、「目がいたいよー」となみだをポロポロ出しながら泣いています。わたしは人の体のしくみについてゆっくり話しました。

「人間の目って、すごいんだよ。なみだがごみを流してくれるから、こすらないでも大丈夫だよ。いちど手を止めて、しばらくじっとしてみてごらん」

男の子はがんばってじっとしました。

「ほんとうだ!　もういたくないよ。なみだはかなしくて泣くときだけに出るんじゃないんだね」

そういって、元気よく仲間のところへ戻っていきました。

みんなのところへ戻ってふたたび探索のスタート

「ふくろうの時間」と短い夏　8月

わたしたちの園では、「ふくろうの時間」を設けています。「ふくろうの時間」とは、年長児が小学校就学に向けてさまざまなことを取り組む時間です。30〜45分ほどの時間にこどもと保育者で話し合ったり、発表したりして、学びの芽生えを育みます。このあいだ、ほかの年齢のこどもたちはお昼寝をしています。

この日は、森のなかでこれまでに出会った草花や樹木の写真を見ながら、ふりかえりをしました。こどもたちから、こんな質問や意見が上がりました。


「どうして葉の色は変わるの？」

「どうして虫がいっぱいいるの？」

「どうして木は元気で大きくなるの？」

「どうして葉は大きくなって、虫に食べられるの？」

「オオウバユリの立っているのを見たい、背くらべをしたい」

「オオハナウドはどうなったの？」

「オオハナウドの花がたねになっているのを確認しにいきたい」

「クレヨンをもってまたいきたい」


翌週、はりきって散策へ向かいます。

みなさんはオオウバユリをご存知でしょうか。大人の背丈ほどに大きく育つ立派なユリです。北海道ではアイヌの人々がその球根を食用にしていたことから、アイヌ文化を象徴する植物とされています。こうした経緯から、屯田防風林には大切なオオウバユリを守るための保護区域が設けられています。


大きなオオウバユリを見つけ、背くらべを楽しむこどもたち。トンボを追いかけたり、そっと近づきトンボとりをしたりして楽しんでいる子もいます。

拾った木の枝を両手にもち、数人の子がシラカバの木をリズミカルにたたき、「ズンズンチャッチャ、ズンズンチャッチャッ♪」と楽しそうに演奏会がはじまりました。
大切な自然にふれながら、こどもたちが感情豊かに育ってくれることを祈ります。感じることは、豊かな情緒をつくります。そして、今日の情緒は、明日の頭脳をつくります。感覚が刺激されることが、結果として脳を育んでいくのです。

北海道の夏はまたたく間に過ぎていきます。8月下旬には夏の花が終わります。貴重な蜜を、ハチが争うように舐めにくる気持ちもわかります。あれほどにぎやかに草花が咲き乱れていたのが、いちどきにお休みしたかのように消えることの不思議さ。こどもはもちろん、おとなのわたしたちも不思議でなりません。そして、まもなく実がほんのりと色づいてゆき、一方では、秋の花々が咲きはじめるのです。

オオウバユリの立派な花。屯田防風林とアイヌ文化のシンボルです

オオウバユリの変身　9月

　園から出て森に向かうこどもたちの足取りの早いこと！　この先に楽しいことがあるのを想像しているのでしょう。軽やかな足取りであっというまに到着しました。みんなの目に入ってきたのは、オオウバユリからいくつも飛び出しているみどり色の細長いふくらみです。

「これからまた花が咲くの？」

　先週、オオウバユリの花を見たばかりでした。それなのに、再びつぼみのようなものがたくさんできているのです。わたしは、「どうなるのかな？　また今度きたときが楽しみだね」とだけ答えました。

　一週間ののち、つぼみのようなものは黒ずんでいました。そうです、たねになったのです。こどもたちはその変化にひどく感心しているようでした。

オオウバユリの花の終わったあとの姿

雨上がりの悩み　９月

また別の日、雨上がりの森にいったときのことです。

太くて大きなミミズを発見しました。小さなミミズの小刻みで激しい動きにくらべて、にぶい動きをしています。あるこどもがそっと手のひらに乗せてあげました。

「踏まれたりしたらかわいそう」

茂みのなかに隠してあげています。

別のところでは、一本の木に数人のこどもが集まってしゃがみこんでいます。樹皮が少しはがれてふくらみができているところに目を凝らして、小声で語り合っています。

「いっぱい虫がいるよ〜」

「すご〜い、虫のおうちだね」

生命の厳かな営みに驚嘆したこどもたちは、そーっとその木から遠ざかっていきました。

自然や動植物のその神秘を、こどもと一緒にじっくり味わいたいと思っています。「知る」ことより「感じる」ことが何倍も重要なのです。

雨あがりの森はすべりやすくなっています。

「今日は走らないようにしようね」

と声をかけたあと、不意になにか大切なものを忘れているような気がして胸がいたみました。ころんで泥だらけになるのでは、という心配からつい口に出た何気ない一言でした。でも、本当にそうだろうかと考え込んでしまったのです。

なにごとも体験がなければ身につきません。ころぶという体験をして、はじめてバランス感覚が身につくようになるのです。それなのに、そのチャンスにふたをしてしまったのです。とっさに気が先回りしてしまい、こどもにけがをさせたくない、保護者から苦情をいわれたくない、という思いが言葉になってしまったのです。

けがをしたり、服が汚れたりすると、当然のことですが保護者の方は園に一言いいたくなります。保育者はその言葉を真摯に受けとめなくてはいけません。ただ、それは本当にこどものためになっているのだろうか、と思うときもあるのです。すべて先回りした情報で正解を知っているこどもたちは、いつ現実を学べばいいのでしょうか。そのことを思うと、わたしはまだまだ覚悟が足りないのではないかと反省しました。

……とはいうものの、服が汚れると困るとおっしゃる保護者の方に事前に理解を求めてひとつひとつ了解を得るべきなのか。心は揺れます。思いあぐねているとき、こどもを迎えにきたあるお母さんが、こんなことをいってくれました。
「いつもありがとうございます。こどもが防風林の話を楽しそうにいっぱい話してくれます。親も知らないことを教えてくれて、驚いています。感謝してます」

わたしはとてもうれしくて、思わず肩の力が抜けました。日頃から保護者の方と会話を重ねることが大切であるとあらためて思わされました。

鮮やかな赤色の実をつけたキンギンボク

台風の爪あと　9月

　以前はほとんどありませんでしたが、最近は北海道にも台風が上陸するようになりました。これも地球の環境変化のあらわれでしょうか。しかも勢力の強い台風のままやってくるため、さまざまな被害が出ます。わたしたちの森も、倒木などの危険からなかに入ることができなくなってしまいました。森に入れなくなったこととその理由を、こどもたちに伝えました。
「どういうふうになったの？」
　こどもからは見てみたいという要望があがります。そこで、安全を確保できる道路から森の様子を見にいくことになりました。
　それは、こどもらがはじめて見る自然の猛威の爪あとでした。いつもの森とはまるで別ものになっています。倒れた大木や折れた枝がちらばっていました。おとなが見てもおそろしいほどです。自然の大きな力をはっきりと感じ取れる光景に、言葉をなくし、あぜんとしているこどもたち。

森のなかではすでに復旧作業がはじまっていました。安全のために、傷んだ樹木を切り倒した跡の切り株があちらこちらに見えました。道路側に面していた切り株のひとつに、こどもが手をふれ、においや感触を味わっています。

「いたかったね〜」

こどものやさしい声が聞こえました。わたしの心に、ぽっと灯がともりました。

台風によって木の幹がポキリと折られてしまいました

さて、園内の「ふくろうの時間」で写真を見ながら、台風の被害に遭った倒木の行方について学ぶことになりました。わたしはひとりで森へいって、復旧作業をしている方々にお尋ねしてきました。そこでわかったことを、こどもたちに伝えます。

まず、倒れた木や折れた枝は、何台ものトラックに積まれ、運び出されます。そして、それらは木材として扱われ、みんなの身近にある家具やおもちゃになります。ポプラはピアノの材料にもなることがあるそうです。あるいは、燃料に使われることもあります。さらに、この森の遊歩道に敷き詰められているチップにもなるということです。いろいろな方法でわたしたちの役に立ってくれているのですね。

その後、こどもたちは、自分たちの身近なところにある木製の遊具に関心を寄せるようになりました。

「これはなんの木でつくったのかな〜」

まだ遊具になる前に、自然に生えていたときの樹木の姿を思い浮かべているのでしょう。

後日、安全になった森を散策中に、こんな声が聞かれるようになりました。

「チップさん、ありがとう！」

声のするほうを見ると、くつのなかに入ったチップを払いながら、お礼をいっているのでした。道を歩きやすくしてくれているチップへの感謝の言葉です。ただのチップではなく、かつては命ある姿だったことを知ったからこそ出た「ありがとう」の言葉だったのではないかと思います。


ふりかえってみれば、5月にこの森に来はじめた頃には「チップがくつのなかに入っていやだ」という声が上がっていました。今では、自然に対する想像力がこどもの心のなかに育ち、気持ちを通い合わせることができるようになっています。そう実感したできごとでした。

安全のために伐採されたポプラ。
この後さまざまに利用されます

もみじのおとずれ　10月

札幌の紅葉は、10月上旬から色づきはじめます。ひとりひとりが画板とクレヨンをもって、秋色の風景に変わった森へ入ります。目や耳からいろいろな刺激が入ってきます。それぞれ思いをめぐらせているのでしょうか。こどもたちは言葉少なく、真剣なまなざしで描くものを選んでいます。

葉っぱの一枚を集中して眺めている子。並木に向かい、立ったり、屈んだりして、見え方の違いを確認している子。一枚の落ち葉を地面に立てて、いろんな角度から眺め、描いている子。オオウバユリのたねをそ～っと指で開いてのぞきこんでいる子もいます。そのとき、思いがけずオオウバユリのたねが実のなかから飛び出しました。小さくてうすいたねは、風に揺られながらヒューと飛び散っていきます。目をぱちくりさせているこどもたち。

絵を描くこどもたち。しだいに自分のキャンバスに没頭していきます

しだいにこどもたちは、ひとりひとり自分だけの世界に入りこんで、声も出さなくなりました。観察力、好奇心、探求心を総動員しているのでしょう。

わたしは、こどもたちのひたむきな表情を見ているうちに、自分たちが自然の大きな力に包まれていることを感じました。こどもたちもきっと自然との一体感を味わっていることでしょう。思わず、熱いものがこみ上げてきました。

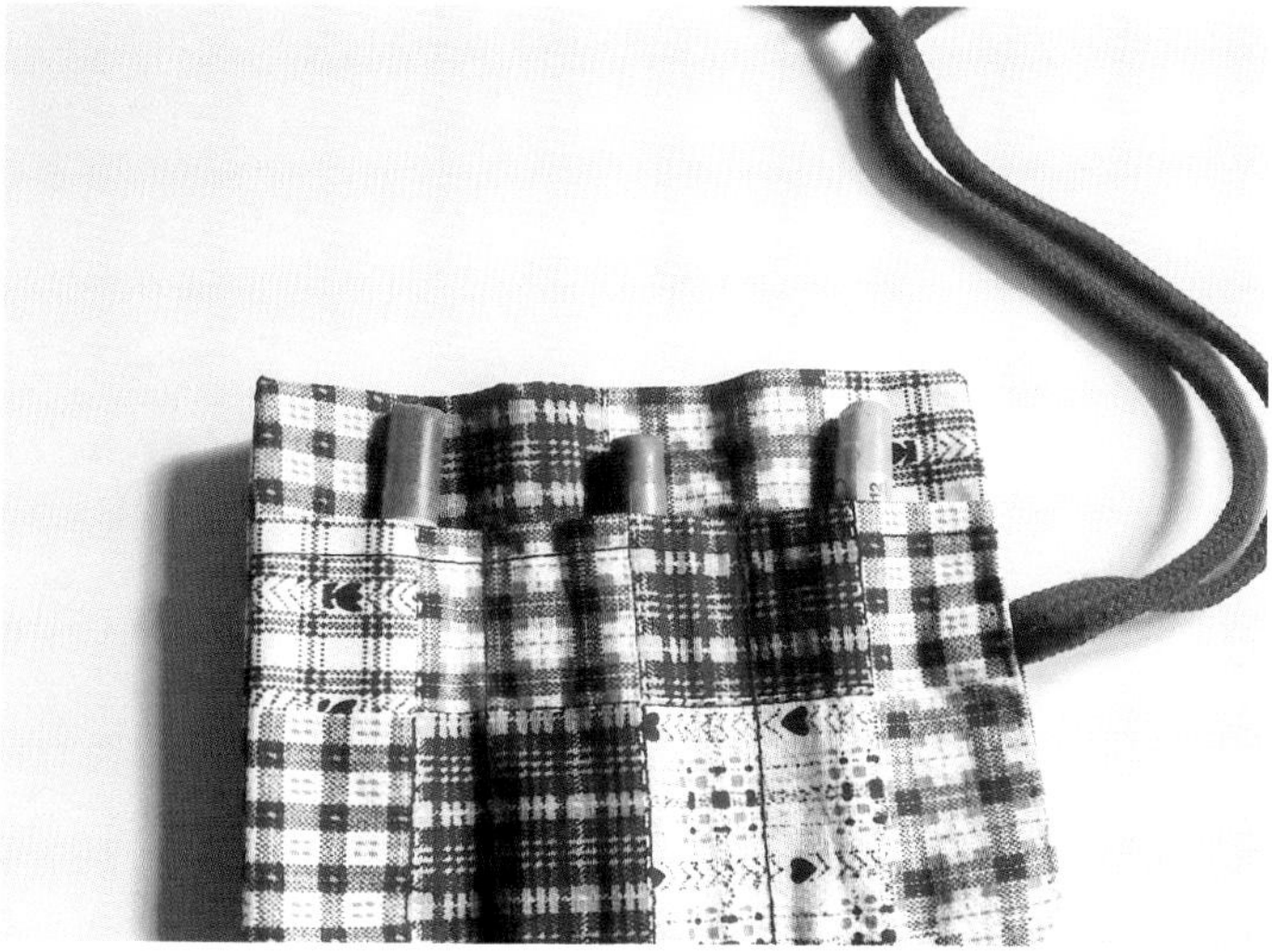

森のお供に連れていくクレヨン

オオウバユリ論争　10月

じつは、オオウバユリをめぐってちょっとした大人同士の論争が起きたことがありました。前にも少し書きましたが、オオウバユリは保護指定植物としてみんなで守る存在です。そうしたこともあって、森を歩く通行人の方から、
「オオウバユリをこどもにさわらせてはいけない」
と厳しい指摘を受けたのです。
わたしはまずはお詫びをしました。看板にある注意事項は、もちろんこどもたちに伝えています。傷つけたり、折ったりしてはいけないときちんと話してあることを説明しました。……ただ、相手の方と話をするうちに、わたしのなかの信念が黙っていられなくなりました。

オオウバユリを熱心に観察するこども

オオウバユリは確かに大切な植物です。でも、こどもたちはもっと大切な日本の国の宝です。そのこどもたちの育ちのために、オオウバユリにふれる機会を奪ってもいいのでしょうか。教材にしてはいけないのでしょうか。つい、そういってしまいました。

くり返しになりますが、人間は失敗してはじめて力加減を学習するものだと思うのです。雨ですべることも同じです。その機会をあげたいと思います。

今の世の中は何から何まで禁止ばかりです。都会の公園では、大きな声で遊んではいけないという注意書きがあるところさえあります。

小さな子から遊びを取り上げてはいけません。これは脳科学の知見からしてもそうなのです。脳を発達させるためには脳内の神経系統が活動していなくてはいけませんが、その活動が見られるのは好きな遊びに没頭するとか、何かに熱中しているときです。おとながやらせてもそうはなりません。自分で熱中することが大切なのです。こどもには遊びがもっともよい学びになるのです。

オオウバユリのたね。軽くて薄いたねがたくさん入っています

かしこいたね　10月

風が吹いて枝が揺れます。目を閉じて耳を澄ましていると、鳥の声や虫の声など自然の音が混ざり合って、しだいに心地よくなっていきます。それはまるで森のオーケストラ。天然の音色を聴きながら、こどもたちは自然界の探検中です。

しばらくして、数人のこどもが茂みのなかから出てきました。すると、上着にたねがいっぱいくっついていています。しかもたねはかんたんには離れません。こどもたちは大騒ぎです。

「なにこれ?」

「どうして?」

「なんで?」

たねには、生き残るための知恵やデザインがかくされています

騒ぎを聞いて、ほかのこどもも集まってきます。よく見ると、たねがいっぱいくっついている子と、何もついていない子がいます。

「どうしてだろう?」

こどもらはじーっと考えたり、不思議そうに顔を見合わせたりしています。やがて、服の材質によって、たねのつき具合が異なることに気づきました。服にはウールや化繊などさまざまな素材があります。つるつるしたナイロン製の服には、たねはついていませんでした。

「このつぎからはつるつるの服を着てくるといいんだね」

またひとつ、主体的な学びの姿が見られました。

払っても払っても離れてくれないしつこいたねもあります。そのままにして歩き出してからしばらくすると…「あれ? たねがない」。どうやら、しぶといたねは歩いているうちに自然と離れていったようです。自然は賢明です。動物にしっかりとくっついてたねを運ばせるとともに、適度なところで地面に降りられるようにも設計されています。こうして新たな世界に芽吹くのです。わたしはこどもたちに声をかけました。

「たねを離れたところまで運ぶお手伝いができたね」

手に草花のたねのヤニがつき、ベタベタしてにおいもついたといっているこどももいましたが、時間が経つとすっかりベタつきもにおいもなくなっていました。

これらのたねの名前は、アザミ、キンミズヒキ（別名くっつき虫）です。つい前もって教えたくなるところですが、ここはぐっとがまんです。先回りして教えてはもったいない。

オオハナウドの花が終わったあと
（花の写真は19ページに掲載）

心の育つとき　10月

それにしても、自然の知恵は不思議です。服にくっつくたねを見ると、植物が人や動物に依存して生きているように見えます。でも、真相は逆です。動物が植物に寄生して生きているのです。だって、植物のつくる栄養や酸素がなければわたしたち動物は生きていけませんからね（これはわたしのひとりごと）。

トドマツの幹を食い入るように見つめているこどもらがいます。樹液に虫が集まっているようです。ひとりの子が大きな声でいいました。

「ここは虫のレストランだよ」

この言葉にこどももおとなもみなが納得。静かにしておいてあげようと、そっと離れていきました。

森にたくさん通うほどさまざまな出会いに気づきます

虫のレストラン。なんと素敵な言葉でしょう。このような言葉を聞くたびに、わたしはこどもたちの素直な感性に感動します。

こんなことを思うことがあります。心というものは、人間の体のなかに宿っているだけのものではない。心とは、自分だけではつくることはできないものである。自分と、自分の外にある「なにか」や「だれか」と出会ったときに、心が少しずつできていくのではないだろうか、と。

このことは、こどももおとなも同じです。自己主張が苦手な、引っ込み思案な子と手をつないで歩いていたときのことを思い出します。

「どうしてやさしくしてくれるの?」

と聞かれたので、「かわいいからだよ」と返すと、うれしそうに手をぎゅっと握り返してくれました。あのあたたかい感触を忘れることはできません。

保育者は大変なこともあるけれど、こどもからたくさんの幸せをもらっています。こどもを育てているつもりが、育てられているようです。

どうして笑ってるの？　11月

冬が近づいて木から葉が落ち、空の見通しがよくなりました。今日も森へと散策です。まずは1丁目の高架橋まで歩きます。高架橋の下を通りながら、声の反響を楽しむこどもたち。やがて歌をうたいはじめました。ピアノ伴奏でうたうのとまたちがい、自由にリズミカルに楽しんでいます。

そのかわいらしい様子を見聞きした通行人が、あちらこちらで足を止めてやさしい表情で見守っています。

この日は、穴のあいた落ち葉をじっくり観察しました。葉に穴があいている意味はなんだろう？　みんなで考えます。そうです、小さな毛虫の坊やの食事の痕跡ですね。葉っぱにもさまざまな役割があります。

帰り道ではたくさんの散歩中の人たちとすれちがいました。ひとりのこどもが尋ねます。

「どうして、みんなはぼくたちを見て笑っているの?」

「こどもたちがかわいくて、みんなはおとなの人たちを幸せな気持ちにさせているんだよ」とわたしは答えました。

「う〜ん」ととびきりの笑顔でこどもたちも答えます。

住宅街を通る帰り道で、こどもたちが歌をうたいはじめました。先生が「しーっ!」とさえぎります。住宅街では大きな声を出さない約束でした。でも、わたしはこのかわいい歌声は人に幸せを与えるのではないか?と思いました。そこで先生たちと相談し、「苦情がきたらそのときに考えましょう」ということになりました。

たいへんありがたいことに、近所の方たちは庭先や窓からやさしい笑顔でこどもたちの歌を見守ってくれていました。おかげさまで、歌をうたいながら、「楽しかった〜!」と帰園することができました。

落ち葉といのち　11月

「今日はいけないのかな～」

雨ふりの空をながめながら残念そうにつぶやく声が聞こえてきます。森へ出かける日ですが、あいにくの雨模様。それでも、出発時間まで様子を見ていると、うれしいことに雲のあいまから青空が見えはじめました。

出発！

わたしは「今日はすべるから走っていけない」といわないと心に決めて出かけました。雨上がりの落ち葉のじゅうたんの道はみごとに輝いていました。そこへ入ると、走り出した子が思い切りすってんころりん、みごとなすべりっぷり。「はっ！」と驚いた表情でしたが、照れ笑いに変わりました。すると、ほかの子たちも見習って、同じようにすってんころりんしたくて工夫してまねをはじめました。もう夢中です。この姿は猛勉強している姿です。具体的なものごとを通してこそ、生きた知識が養われていくのです。かたわらでは何もいわず、でもあたたかく見守っている保育者たち。その光景をわたしはうれしく、心強く思います。

葉についたしずくに見入るこどもがいました。

「きれい。この葉っぱに小さいしずくがいっぱいついてる。こっちのしずくは大きいよ」

しずくをそっと払い、虫食い落ち葉など、好みの落ち葉を集めています。

数人のこどもたちが木の上をじっと見ています。

「どうしたの？」

「太ったカラスが変な声で鳴いてるよ」

たしかにそれはうなるような不気味な鳴き声でした。ふだん聞いているカラスの声とまるでちがうのです。以前に聞いたひなを守る声ともちがいます。

「体が大きくふくれているのは、寒いのか、具合が悪いのかもね」

美しい彩りのカラコギカエデ。紅葉も自然界の不思議のひとつです

はじめて耳にする異様な鳴き声に、こどもらはうしろ髪ひかれる思いだったのでしょう。「さよなら」といって、何度もふりかえりながら帰りました。

翌日、わたしはひとりで森へ確認にいきました。すると、茂みのなかにカラスがひっそりと息絶えていました。昨日の声は、このカラスの声だったのでしょうか。わたしはこどもたちにありのままの事実を伝えました。

つるつる、ふかふか、雪の森　12月

日中の暖気の翌朝。ところどころ凍ったアイスバーンのつるつる道路を歩いて向かいます。わたしは心のなかで、「急がないでいいから転ばないよう、自分でバランスをとって歩きましょう」と語りかけます。

「おっとっと！　つるつるだよ！」

一生懸命バランスを取りながら工夫をして歩くこどもたちです。

「ドロボー歩きをするといいよ！　ぬき足、さし足、しのび足」

「ほんとうだ」

「もう少しだからがんばろう」

なんともおかしな姿ですが、なるほど理にかなっています。

いつもより時間がかかりましたが、森に到着しました。

「よろしくおねがいします」と森に一礼。あれ？　今日は「おじゃまします」ではないんだね。言葉ひとつ変えるだけで、ずいぶんおとなっぽく見えるから不思議です。

落ち葉の風景から銀世界へと移り変わった森。

「なんだろー、この道はふかふかだよー」

「まっしろなじゅうたんを歩いてるみたい」

「きもちいいね」

しんとした空気のなかで、こどもたちの声が明るくひびき渡ります。

白銀の世界へ変身した防風林

カモとひとつになる　12月

雪の上を散歩中のマガモの親子に遭遇しました。

「せんせいとこどもが散歩してる！　ぼくたちと同じだね」

「どうしてカモせんせいだけ羽根の色がちがうの？」

「くびわをしているみたい」

さまざまな感想が飛び交います。やがてカモは池の方向へバサバサッと勢いよく羽ばたいていきました。その姿を見たひとりの先生が、カモのように思いきり羽ばたくまねをすると、こどもたちも大きく腕を広げて、羽ばたくカモをまねしながら走り出しました。みんなで大笑いしながら、楽しそうに表現しています。それ以来、この先生は「カモせんせい」と呼ばれるようになりました。

池はすっかり凍っていました。おとなのカモは美しい冬羽根の姿で氷の上をゆ

凍った池の上をすべりながら歩くカモ

うゆうと歩きます。かたや、子ガモはつるつるすべったり、ころんだりしています。その姿に共感したのか、こどもたちから応援の声が上がります。

「ドロボー歩きするといいよ！」

「がんばって！」

「あ〜、がんばって！」

本気で声をかけて、まるでカモと一体になっているようです。

「この池のカモたちは、なに組かな？」

という先生の問いかけに、

「ここは、こども園のカモ組だね」

「わたしたちはぞう組のリーダーだけど、カモ組のリーダーはだれかな？」

と次々に声が上がりました。こどもたちの会話から、自然のなかに身を置くことによって豊かな心が育まれていることを実感します。

この出会いがきっかけとなって、わたしも鳥に興味がわくようになり、マガモについて調べてみました。マガモはアヒルのご先祖さまだそうです。わたしたちが親子だと思っていたのは、じつはおとなのオスとメスでした。輝くようなみどり色の頭がオスで、こどもだと思っていた茶色の地味な方がメス。オスは冬になるとメスにアピールするためにみどり色の目立つ羽根の色に変身するそうです。子孫を増やすための自然の知恵ですね。

カモの不思議に満ちた生態にふれて、こどもたちもカモの観察を楽しみにするようになりました。

みどり色におしゃれしたオス

雪の下の秘密　12月

晩秋、おびただしい数の落葉が地面をうめつくします。それを一手に引き受けて、驚くべき仕事をするのは、土壌の下に住む小さな昆虫たちです。深い雪の下で生物と無生物の不思議な秘密に満ちた交わりから、腐葉土ができます。彼らは葉をやわらかくし、細かくし、腐敗したものと表土を混ぜる役割を果たします。

自然の生き物の営みが、人知れず静かにくり返されます。このことを、いつかじっくりこどもたちと語り合いたいなぁと思います。

こどもの記憶力は6歳の時に最初の頂点に達し、それにともなって知的な興味が動き始めるといいます。冬の大地が人しれず養分を培っていくように、こどもは自然や遊びを通して知識と経験をどんどん蓄えていきます。幼児教育は、森の土壌づくりと同じで、目に見えない土台を育てる時期なのです。

窓に残った雪模様。「雪は天からの手紙」という言葉があります

II　森へいく理由

気がかりなこどもの姿

　今の時代のこどもたちを見ていて、気がかりなことがいくつかあります。昔とくらべて、こどもたちははるかに安全で清潔な環境のなかにいます。いい時代になったと思います。しかしその一方で、安全な環境のなかにいるために、危険から自分の身を守る術が身についていないのではと心配になることがあります。

　たとえば、雨にぬれること、衣服やくつが汚れることをいやがります。保護者の方もさせたがりません。その気持ちはわかります。なにごともなければお互いにラクです。でも、こうしたささいなことに、おとなの価値観があらわれていると思うのです。雨にぬれたり、泥で汚れる体験がまったくないままに育つということは、一見するとやさしいようですが、わたしは必ずしもそうではないと感じています。こどもが試行錯誤する機会を、おとなが奪っているのではないでしょうか。

いつの頃からか、ころんだときに手をつけないで、顔から地面にぶつかってしまうこどもの姿を見かけるようになりました。どうしてだろう？　と最初は不思議だったのですが、これなども、自分の好きな遊びをしっかりしてこなかったからではないかと思うようになりました。自分の好きな遊びをこどもにさせるゆとりを、おとながもちにくい時代でもあるのかもしれません。

これからの時代は、なにが起こるかわからない予測不能の時代といわれています。人工知能の進歩といった社会の変化により、今は存在していない職業にこどもたちの半数以上が就くという研究者の予想もあります。そのような未来を生き抜かなくてはならないのは、わたしたちおとなではありません。こどもたちです。わたしたちの時代は、目上からいわれたことをそのとおりにやっていれば、それなりに報われる社会でした。これからはそうではないのです。

だからこそ、さまざまな体験や試行錯誤をとおして、たくましさを身につけてほしいと願います。そして、こどもの挑戦を見守る寛容さをおとなにもってほしいのです。社会の寛容のなさは、さまざまなところにあらわれています。昔は「いたずら」で済んでいたことも、今はいきなり「犯罪」として責任を追及される世の中になりました。たった一度のあやまちが取り返しがつかないことになることも、しばしばです。

みなさんは、こどもの発達が早いことをよろこんでいないでしょうか。こどもの成長を急いでいませんか。

時間をかけて、じっくり、ゆっくりでよいのです。急ぐことはないのです。しっかりとした情緒という土壌ができなければ、芽はのびていきません。親が常に正しいわけでもありません。親は子どもを育てているつもりでも、実は、こどもに育てられているのです。いっしょに育っていく気持ちが大切だと思います。

ユーラシア大陸東部にも分布するコンロンソウ

センス・オブ・ワンダーをわかちあう

こどもたちの健やかな発達のために、できることはなんだろうと自問自答が続きました。

わたしの答えは、自然にふれることです。大自然でなくともよいのです。町のなかや身近な地域にあり、日常的にいつも訪れることができるちょっとした森や草むら、小川でよいのです。わたしたちおとなにとってはなんでもない景色ですが、まだ経験の少ないこどもたちにとっては、魔法のような魅力にあふれています。自然と出会う驚きは、こどもの発達を促してくれると信じています。また、わたしたちおとなも、忘れている自然の存在を思い出すことが大切なのではないでしょうか。

わたしは、アメリカの生物学者レイチェル・カーソンが大好きです。世界が開発へと突き進む１９６０年代に、『沈黙の春』や『センス・オブ・ワンダー』という本を書き、公害の実態を世に訴え、人々の目を自然保護へとふりむかせました。彼女はこんな言葉を残しています。

「知る」ことは「感じる」ことの半分も重要ではない

はじめに「感じる」ことがなければ、生きた知性は育たないということだと思います。いくらテレビやスマホ、図鑑でたくさんの生き物を知っていても、実際に見て、ふれていなければ、その知識にはやはり偏りがあります。なぜなら、対象について感じることが一面的であるからです。雨にぬれることについても同じことがいえます。実際に雨にぬれてみることによって、雨の冷たさやにおいなどはじめて感じることがたくさんあります。「ぬれないように傘はこうやってもとう」「雨の日にはハンカチがあると便利だな」「冬の雨は冷たいからこういう服を着ていこう」と、こどもなりに感じて、考えるようになります。

人の記憶というものは、脳細胞が覚えている量よりも、体が覚えている量のほうが多いのだそうです。いくら文明が発達しても、人間は野生の遺伝子をもって生きています。身体感覚をおろそかにすることは賢明とはいえません。

レイチェル・カーソンは、こどもは生まれながらにして「センス・オブ・ワンダー＝神秘さや不思議さに目を見はる感性」をもっていると語りました。心が動いてこそ、人の能力は育っていきます。そして、センス・オブ・ワンダーを育むには、〝感動をわかちあうおとな〟がそばにいることがとても重要だというのです。わたしはそんなおとなでありたい。ずっとそう願ってきました。そこで、こどもたちと園の近くにある森へ出かけていくことにしたのです。

タチギボウシは本来は湿地や草原に生息している貴重な植物です

「情緒」を育みたい

保育所や幼稚園、認定こども園は、国が定めたさまざまなガイドラインによって運営されています。そのなかでももっとも大切なのがこちらです。

幼稚園…………幼稚園教育要領（文部科学省）
保育所…………保育所保育指針（厚生労働省）
認定こども園……幼保連携型認定こども園教育・保育要領（内閣府・文部科学省・厚生労働省）

名前こそ異なっていますが、幼児教育に関する大切なこととして示されているその内容は、どれも共通しています。２０１７年に告示されたこの３つのガイドラインのなかに、新しく「幼児期の終わりまでに育ってほしい姿」（10の姿）

が加わりました。このなかにも自然とふれることの大切さがしっかりと書かれています。

「幼児期の終わりまでに育ってほしい姿」（10の姿）

自然との関わり・生命尊重

自然に触れて感動する体験を通して、自然の変化などを感じ取り、好奇心や探究心をもって考え言葉などで表現しながら、身近な事象への関心が高まるとともに、自然への愛情や畏敬の念をもつようになる。また、身近な動植物に心を動かされる中で、生命の不思議さや尊さに気付き、身近な動植物への接し方を考え、命あるものとしていたわり、大切にする気持ちをもって関わるようになる。

心が動く体験をすることが、結果としてさまざまな学びの芽生えへとつながっていきます。わたしは、自然を受け取る情緒を、心のなかに育てることが何より大切だと考えています。ただおとなから聞いただけではだめで、実際に見て確かめてもらうことを心がけています。

かつて、人間の中心にあってその創造性を支えているものは頭でっかちの理屈ではなく、「情緒」であると主張した方がいました。その方は文学者ではありません。世界的に知られた数学者・岡潔《おかきよし》です。

岡潔は、論理的な思考が求められる数学にさえ非効率的な時間や無駄が欠かせないといいました。現代では効率のよいことばかりが重視されていますが、優れた功績を残した先人たちは道草や寄り道の大切さに気がついていたのです。

オニシモツケの花は、雪の結晶のような美しさ

理想の保育を求めて

次の３つがわたしの理想です。

①こどもは、自然のなかで自由に活動できる。
②保育者は、こどもが遊びのなかで発達していく姿を見守り、ひとりひとりの発達に必要な体験がえられるような環境をつくり、必要な援助をおこなえる。
③園は、育てたいこどもの姿を保育者全員で共有し、保護者と信頼関係を築きながら保育のあり方を論議できる場となる。

そのためにも、園が責任をもって自主的な判断のもとで保育を進められることが望ましいと考えます。

こどもたちを待っているのは、楽しいことばかりではありません。とくに、人と関係性をつくるには、トラブルを経験することも必要です。激しい口調での言いあらそい、けんか。はじめからうまく人間関係を築けるこどもはいません。乳幼児期に人との経験をかさねていくなかで、相手の立場に立つことや、自分の気持ちをコントロールすることを少しずつ覚えていきます。

やがて友だちとおりあいをつけることが身につき、「きまりを守る意味」がわかるようになります。心や情緒の成長は、学校のテストのように点数ではかれません。園における保育は、小学校への準備教育だけではありません。小学校教育の先取りをするのではなく、幼児期にふさわしい保育をおこなうことが、もっとも肝心なことだと思います。

だからこそ、これからもわたしはこどもたちと一緒に森へ出かけます。この先も続けることができるかぎり、一緒に自然の不思議さや美しさをわかちあい、楽しみたいと思います。

おわりに

　本書の執筆中の２０１９年10月に、台風19号が東日本一帯を襲い、未曾有の被害をもたらしました。近頃では大きな台風が毎年のように日本列島を襲ってきます。地球規模で温暖化が進むにつれて、こどもの豊かな未来が想像しづらくなっていきます。その苦しさから、ペンが一時止まることもありました。

　環境の持続可能性に関わる問題は、将来のことを自分ごととして考える人が増えないと解決できません。望ましくない未来を避けるチャンスをいま握っているのは、わたしたちおとなです。

　温暖化対策に対する注目は世界的に高まっています。たとえばスウェーデンでは、冷凍庫に「孫のためにすぐ扉を閉めよう」と張り紙を貼ったり、環境ラベル付き商品が大半を占めるなど、環境への負荷を減らす取り組みが進んでいます。国連では「ＳＤＧｓ《エスディージーズ》（持続可能な開発目標）」を掲げて、実現するための活動を世界各地で進めています。

　人類がこのまま地球を開発し、温室効果ガスを排出しつづけることには限界があります。排出された二酸化炭素（CO_2）の半分は木々や海に吸収されるといいます。わたしたちが訪れている防風林は、管理する市やポプラ通りを守る会、地域の人たちの努力によって自然と人の調和がとれ、環境が保たれています。各地にこのような場が増えることを願っています。地球の限界を超えさせないためにも、今できる身近なことからはじめましょう。日本は資源は乏しい国ですが、人を育てる素晴らしい教育があります。これが日本の誇りです。


　本書の発刊にあたってはたくさんの方々にご協力をいただきました。屯田防風林の美しい植物写真は細川一實氏に多数ご提供いただいたものです。原稿の執筆にあたっては株式会社みらいの米山拓矢氏に大きな励ましをいただきました。

　表紙の装画とイラストを描いてくださった卒園児の谷本知理子さん、森で一緒に過ごしたこどもたちに大きな声で「ありがとう！」をお送りします。そして最後までお読みくださった読者のみなさまに、心から感謝申し上げます。

しんことに清香こども園の園歌「みんなだいすきだよ」

●写真　細川一實（7、11、13、19、25、29、31、33、35、53、77、81、93、97、101）

●絵　谷本知理子（表紙カバー、17）

＊数字は掲載ページを示しています。

●参考文献

レイチェル・カーソン（上遠恵子訳）『センス・オブ・ワンダー』新潮社　１９９６年

岡潔『春宵十話』ＫＡＤＯＫＡＷＡ　２０１４年

浜文子『浜文子の「作文」寺子屋』鳳書院　２０１７年

細川一実『写真集　屯田防風林の野草と樹木』２０１２年
http://bouhulin.a.la9.jp/tondenbouhuurin.html

文部科学省「幼稚園教育要領」２０１７年

厚生労働省「保育所保育指針」２０１７年

内閣府・文部科学省・厚生労働省「幼保連携型認定こども園教育・保育要領」２０１７年

著者紹介

なかい のりこ

(中居 宣子)

・経歴

1942 年　満洲国生まれ。
1982 年　社会福祉法人清光会 新琴似清香保育園設立。
保母、副園長を務める。
2001 年　全国私立保育園連盟保育カウンセラー養成講座企画委員
(2011 年まで)
2003 年　しんことに清香保育園に改名。園長を務める。
2008 年　海外視察：スコットランド　ストラストラスクライト大学教育学部にてスコットランドの就学前教育（ラングサイド保育園)。
2018 年　しんことに清香こども園、双葉こども園 統括園長。
海外視察：ドイツ　ベルリン市立フレーミング基礎学校（小学校)にてインクルーシブ教育。ドイツ国立オリンピック・パラリンピック・トレーニングセンター。
現在に至る。

防風林のこどもたち
こどもと保育者が育つまほうの森に出かけよう

2020年6月30日　初版第1刷発行
2020年8月20日　初版第2刷発行

著　者　なかいのりこ
発行者　竹鼻均之
発行所　株式会社 みらい
〒500-8137　岐阜県岐阜市東興町40　第5澤田ビル
TEL　058-247-1227(代)
FAX　058-247-1218
https://www.mirai-inc.jp
印刷・製本　太洋社

ISBN978-4-86015-518-6 C0037